# ISABEL Y SUS SUPERPODERES

Gabriela Cortez Radosevic

Primera edición: Enero 2024

Depósito legal: AL 17-2024

ISBN: 978-84-1061-367-6

Impresión y encuadernación: Editorial Círculo Rojo

© Del texto: Gabriela Cortez Radosevic
© De las ilustraciones: Ana Tejedor
© Maquetación y diseño: Equipo de Editorial Círculo Rojo

Editorial Círculo Rojo
www.editorialcirculorojo.com
info@editorialcirculorojo.com

Impreso en España — Printed in Spain

*Para mi amada Valentina, que me inspira día a día.*

# Prólogo

Los unicornios son únicos, igual que tú, igual que yo. Cada persona en el mundo tiene características que la hacen única. Para brillar como los unicornios, debemos aceptarnos, valorarnos, amarnos y respetarnos.

Te invito a brillar desde ese lugar especial y aprender a través de las historias de Isabel cómo poder conectar con la luz que llevas dentro.

Con amor,
Gaby

# Agradecimientos

Quiero agradecerme a mí por confiar, por creer que esto sería posible. A mi hija por ser la inspiración en todos mis proyectos y la fuerza que tengo para conseguirlos. A mis padres, que en este camino de la escritura siempre cultivaron mis sueños. A mi hermano, que me apoya hasta en las ideas más locas, y a esas amigas que me decían: «Vamos, tú puedes».

Gracias a los editores y equipo detrás de este proyecto que realizan el trabajo hormiga, ese invisible que nadie ve.

Porque la vida es arriesgarse, con miedo y todo, haciendo aquello que hace vibrar el corazón.

# Isabel y sus superpoderes

Este libro es el libro que hubiese querido que me regalaran cuando tenía tu edad. La historia de Isabel la unicornia te enseñará de manera sencilla muchas cosas útiles para la vida.

¿Te animas a emprender esta travesía juntas?

**Temas:**

- Espejito, espejito
- Mis superpoderes
- Diferencia en apariencia
- Ladrillos construyen castillos
- Presentación en el pizarrón
- Los ula-ulas
- Bellezas únicas
- El rompecabezas

Y así como a Isabel, tú también puedes poner en práctica todos los ejercicios que nuestra unicornia ha aprendido y que sé te podrán ayudar. ¿Te animas?

## Espejito, espejito

Un día mientras caminaba, Isabel jugaba y cantaba. De pronto, se encontró con un río y decidió calmar la sed bebiendo un sorbito por vez. Fue entonces que descubrió su reflejo ante ese inmenso espejo:

—¿Quién eres tú? —preguntó sorprendida.

Pronto descubrió que era solo ella, el reflejo de alguien muy bella.

¿Alguna vez has visto tu reflejo? Te invito a que cojas un espejo y mires. ¿A quién ves en el reflejo?

## Ejercicio

Hagamos este ejercicio juntas. Con la ayuda de un adulto busca un espejo, observa tu reflejo en él.¿A quién ves? Quédate unos minutos observándote. A veces, este sencillo ejercicio puede resultar un tanto incómodo porque no estamos acostumbradas a vernos. Dedícate un par de palabras mientras te observas, «te amo», «gracias», por citar algunas. Así como le decimos esto a otros, deberíamos decírnoslo más seguido.

## Mensaje

Nuestro reflejo es único porque es el envase que contiene quiénes somos. Es perfecto tal y como viene, con sus colores, sus figuras y formas. Abraza cada parte de él, porque fue creado especialmente para ti.

## Mis superpoderes

Isabel asistía a la escuela con sus amigas Rosa y Carmela. Muy contenta estaba de empezar; sin embargo, una sorpresa le iban a dar. Gloria, la profesora, a quien algunos llamaban *señora*, la invitó a pasar al pizarrón. Isabel temía hacer un papelón.

La profesora le dijo que hiciera una suma:
—¿Cuánto es uno más uno?

Isabel anotó los números sin complicación, aunque no pudo dar con la ecuación. Al notarlo, Gloria le dijo:
—No pasa nada, practicarás sentada, pero antes ¿puedes escribirme tu nombre completo? —Y ella dejó el pizarrón repleto.

Al terminar, Gloria se acercó y en la oreja le susurró:
—Todos tenemos fortalezas, esas cosas que hacemos bien y nos interesan, y también zonas de trabajo, que no nos gustan tanto y nos tiran para abajo. Es importante reconocerlas para tenerlas claras y poder verlas. Utiliza siempre aquello para lo que eres buena y practica todo lo desafiante para pulirte como un gran diamante.

Al salir al recreo, Isabel jugaba con sus amigas a construir castillos de arena y otras cosas divertidas. Cuando de pronto se presentó un problema: ¿cómo podían hacer la base sin tener un envase?

Eureka

Isabel de inmediato tomó un vaso y lo vació; con eso el problema solucionó.

—¡Qué ingeniosa eres, Isabel! ¡Resolviste algo en un dos por tres! —le dijeron sus amigas; todas estaban sorprendidas.

—¡Eureka! Esa es otra de mis fortalezas, resolver enigmas pieza por pieza.

¿Y tú has descubierto para qué eres buena? Dime, no temas.

## Ejercicio

Hagamos este ejercicio juntas.

¿Qué cosas se te dan más fácil? ¿A qué cosas les debes dedicar más trabajo?

## Mensaje

Todas las personas llevan dentro de sí una caja de herramientas, cada una de ellas es capaz de abrir miles de puertas y oportunidades. Recuerda revisarlas de vez en cuando y aprovéchalas una a una.

## Diferencia en apariencia

Llegó el día de fin de año, había que sacarse la foto por orden de tamaño. Isabel era siempre la última de la fila junto con su amiga Priscila.

Al mirar la fotografía grupal, Isabel se llevó una sorpresa. ¡Cada una de las unicornias era única en su belleza!

«¿Y es que acaso por ser unicornias no deberíamos ser parecidas?», pensó Isabel sorprendida.

Eso es una tontería. Cada quien es único a su manera, grandes, pequeños, y como quiera. Lo importante es entender que, aunque seamos diferentes por fuera, lo de adentro brillará de cualquier manera.

Reparar en diferencias no es de gran inteligencia. Apreciar la bondad, el compañerismo, la humildad, el respeto y la empatía es una buena compañía.

Ahora sabes que todos somos diferentes por fuera y por dentro, cada quien es su propio cuento.

## Ejercicio

¿Puedes decirme una cualidad que te haga única? Si pudieras describir a tus amigas del cole, ¿qué dirías de ellas? Eso que cada una lleva dentro y la hace única y especial.

## Mensaje

Imagina un jardín con todas las flores iguales, ¡qué aburrido! Bueno, eso somos nosotros, la representación de cada rosa, cada flor, cada hoja, única en su especie. Abraza las diferencias y contempla con amor todas las flores que conviven alrededor tuyo.

## Ladrillos construyen castillos

—¡Isabel! —la llamaba Pedro sin obtener respuesta alguna, porque ella estaba claramente en la luna—. ¿En qué piensas? —le preguntó él.

—En nubes de papel, viajes a la luna... No se me ocurre decirte solo una.

Pedro, impresionado, le comentó:

—¿Sabías que creamos con los pensamientos?

—No tenía ni idea, ¿acaso son tan poderosos?

Pedro respondió:

—Tienen la fuerza de un oso. Los pensamientos son como ladrillos, uno a uno forman grandes castillos. Y si los ladrillos están defectuosos, el castillo no aguantaría el soplido de un oso. Mientras que, si los ladrillos son positivos y fuertes, no caerán ni aunque te esfuerces. Es por eso por lo que debemos cultivar los pensamientos positivos. ¿Sabrías diferenciarlos de los negativos? Cuando al pensar en algo te sientes bien, es una prueba de que positivo el pensamiento es. Al contrario, si te sientes mal, el pensamiento sonará fatal.

¿Y qué pasa cuando llegan sin avisar? —dice Isabel.

La puerta les debemos cerrar. Solo ten alrededor cosas que den a tu vida un poco de color —responde Pedro.

## Ejercicio

Dime 2 pensamientos que tienes durante el día. ¿Son coloridos o aburridos? ¿Son alegres o tristes?

## Mensaje

¿Sabías que las personas solemos tener más pensamientos negativos que positivos? Es por eso por lo que es tan importante cuidar esos ladrillos sanos, esos ladrillos que te edificarán como persona.

## Presentación en el pizarrón

En el cole, todos en orden necesitaban presentación. Describirse uno a uno con detalle en el pizarrón.

Así empezó Pedro nombrando características suyas, haciendo énfasis en lo reilón, también curioso, un tanto callado y algunas veces un poco glotón.

Luego era turno de Isabel, que muy nerviosa se presentó:
—Hola a todos, soy Isabel, tímida, alegre, feliz y creativa, y un poco deportiva.

Cuando Isabel terminó su presentación, sintió con mucha emoción que algunas cosas que creía de ella no eran precisamente bellas.

—¿Se pueden cambiar nuestras creencias sin tener experiencia? —preguntó.
—Claro que sí —contestó la profesora.

Gloria, muy emocionada, escuchaba atenta en una esquina parada.
—Todo aquello que desees modificar puedes día a día cambiar. ¿Qué te gustaría que fuese diferente?
—Tímida, por nombrar alguno —le confesó de repente.
—¿Cuál sería la palabra ideal?
—Extrovertida, divertida y casual.
—Excelente ejemplo, desde allí debes empezar a cambiar la timidez. Vamos, hazlo un paso a la vez. ¿Cómo se comportaría una niña extrovertida, divertida y casual?
—Supongo que es algo que debo estudiar. Día a día, con un cambio pequeño, llegaré a alcanzarlo poniendo empeño.

¿Y tú alguna vez te has preguntado cuáles son esas creencias que te caracterizan? Tranquila, no vayas tan deprisa.

Empecemos de una a una. ¿Te gusta lo que dices de ti o cambiarías alguna?

## Ejercicio

Empieza con esta pregunta: ¿quién soy? Y me cuentas si esa descripción te causa tristeza o emoción.

## Mensaje

Las creencias son lo que decimos y nos dicen. Podemos ser quien queramos ser siempre y cuando trabajemos en nuestras acciones día a día

# Los ula-ulas

Después del cole era tiempo de jugar e Isabel fue al parque a disfrutar. Al llegar, observó caras nuevas en el lugar y no dudó ni un minuto en saludar.

Entre los niños del parque había mayores, pequeños, bebés e incluso señores. Ella siempre muy educada saludaba a la gente, aunque algunos eran con ella un tanto indiferentes.

Isabel jugaba sola en una esquina cuando se acercó la hija de la vecina. La niña era un poco molesta; entonces Isabel decidió no caer en esos juegos que la incomodaban y se movió a otro sitio donde sola jugaba.

En ese momento, Isabel recordó los ula-ulas invisibles. Con un poco de imaginación los harás posibles. Ellos te permiten poner distancia con mucha elegancia.

¿Alguna vez has probado este juego divertido?

Dentro del ula-ula más pequeño, estarán tus padres, cuidadores, abuelos y todo al que tengas afecto. En el siguiente ula-ula, un poco más grande, los amigos, tíos y primos, por orden de afecto; esto va por defecto. Y así sucesivamente haréis con toda la gente.

¿Pero cómo hago esto, si el ula-ula es invisible? ¿Acaso es eso posible?

Claro que sí. Cuando hacéis este ejercicio, ponéis límites marcando tu espacio. Desde un saludo, un abrazo o lo que prefieras, la idea es que te sientas cómoda y libre a tu manera.

¿Hacemos la prueba?

## Mensaje

Tu ula-ula de protección es tu lugar seguro. Todas las personas debemos cuidar nuestro espacio personal, vital y de seguridad. Respétalo y haz que lo respeten. Eso es amor propio.

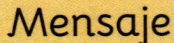

## Ejercicio

¿A quién pondrías en tu primer ula-ula?
¿A quién o quiénes en tu
segundo?
Y así sucesivamente, por orden des-
cendente.

Tíos, primos

Amigos, compañeros/as

Padres,
abuelos,
hermanos

## Bellezas únicas

Llegó por fin el baile de fin de curso, todos estaban nerviosos y algunos un tanto deseosos. Isabel fue a una tienda a probarse un par de accesorios, grandes, pequeños, coloridos y algunos aburridos.

Sin éxito se miraba en el espejo, buscando algún defecto en el reflejo. «¿Si es que acaso no podría yo ser un poco más alta? Centímetros son lo que me falta». Enojada con ella misma seguía en la autocrítica. Sintiéndose cada vez peor, se sentó a llorar y no podía parar.

La mujer que la tienda atendía se acercó amablemente.
—¿Estás bien, pequeña? —le dijo en tono buena gente.
—La verdad es que todo me queda fatal, algo debo de tener mal. ¿Es que acaso no puedo ser como ellas, perfectamente bella?

Muy sorprendida la mujer le dio un consejo acertado:
—Puedes mirar a muchos lados y encontrarás a otros diferentes; tal vez en el fondo eso es lo que sientes. Mas no olvides que lo que tenemos es único, hermoso y radiante, y vale mucho más que un diamante. Si solo ves en el espejo un triste reflejo, es muy probable que te sientas mal por eso. Será mejor reconocer que en ti hay cosas únicas frente a ese espejo.

Al final, no existen moldes perfectos, lo importante es reconocer lo hermoso de cada uno. Todos los ojos, por ejemplo, son únicos y especiales: los negros achocolatados, los azules cristalizados, los verdes claros y café profundo. Cada quien tiene ojos únicos en este mundo.

# Ejercicio

¿Qué es lo que más te gusta de ti? Nombra un par de cosas, ánimo, pídele ayuda a alguien a tu alrededor si no logras descifrarlas sola.

## Mensaje

Los moldes sirven para los pasteles, no para las personas. Si tú trabajas en la masa que le pones dentro de tu molde, ese pastel será perfecto, único y tuyo.

## El rompecabezas

Isabel estaba en casa armando rompecabezas, ponía segura pieza por pieza. De pronto, soltó todo y con gran sorpresa descubrió que a ese rompecabezas le faltaba una pieza. Apenada pensó: «Esto está incompleto. Tendré que guardarlo o, si no, echarlo».

Su madre, curiosa, le preguntó con voz graciosa:
—¿Qué ha pasado, pequeña? ¿Por qué no sigues con el rompecabezas? ¿Acaso enredó tu cabeza?

—No merece la pena seguir trabajando en algo incompleto y roto, mejor me busco otro.

La madre, sorprendida, le miró con cara de que no entendía.

—¿Sabes una cosa? —le dijo muy curiosa—. Los rompecabezas son como las personas: algunos pierden sus piezas en el camino, pero eso no quiere decir que estén incompletos. Te propongo un reto. Creemos una pieza única y elegante para ese espacio faltante. Y así estará entera la figura sin espacios sobrantes. ¿Suena eso interesante?

—Me parece una fantástica idea. ¿Y eso pueden hacer también las personas con sus propios rompecabezas?

—Por supuesto que sí. Cada persona puede trabajar en sus zonas. Es nuestra responsabilidad completar nuestro rompecabezas con todas sus piezas. Si hay algo que no nos agrada, cambia, mejora y renueva con una pieza nueva.

—Y al final, ¿con qué terminaremos?

—Con el rompecabezas de nuestros sueños, donde estén las piezas más importantes y elegantes. Algo que nos haga felices y nos llene el corazón de mucha satisfacción.

## Ejercicio

Piensa en algún ejemplo concreto; ¿cuántas veces te has rendido porque sonaba muy complejo? ¿Qué sientes que necesitas para continuar? Enfócate en ello.

## Mensaje

Todo en la vida requiere trabajo y perseverancia. Imagínate que todo esté ya hecho, sería aburrido, ¿cierto? Es por eso que la propuesta es trabajo hormiga. Ese que hacemos a diario en nuestros proyectos y nuestra propia vida.

**Gabriela Cortez Radosevic**, administradora de empresas de profesión, panadera y pastelera, coach de salud y escritora por vocación, aunque su rol más importante es ser mamá.

Se pierde en las letras para abordar temas de ficción pero sobre todo y como se puede leer en Isabel y sus super poderes, una temática que ha sido en sus carnes un tema profundo; amarse, respetarse, trabajar la auto aceptación, los límites personales, entre otros. Utilizando un lenguaje sencillo, acerca a los y las lectoras más pequeñas de la casa a estos temas.

Una apasionada por la vida, por crear historias y entretener así a su hija, busca dejar una huella con una literatura ligera, de fácil lectura, pero sobre todo que permita al lector transportarse a lugares mágicos y de aprendizaje.

Gabriela ó Gaby como la conocen muchos cree que las letras son sin duda alguna, un recurso útil y eficaz para educar, divertir y conectar con nuestros hijos.